DE NOS MAUX

ET DES REMÈDES

QU'IL FAUT Y APPORTER;

PAR S. G. VILATE;

DU DÉPARTEMENT DE LA CREUZE;

Auteur d'un plan d'éducation républicaine, et de divers Écrits révolutionnaires.

6 septembre 1793, l'an 2 de la République française.

IMPRIMÉ & publié par ordre du comité de salut public de la Convention nationale.

A PARIS,

DE L'IMPRIMERIE NATIONALE.

1793.

DE NOS MAUX

ET DES REMÈDES

QU'IL FAUT Y APPORTER.

Missionnaire apostolique de la liberté et de l'égalité dans les départemens méridionaux, j'ai observé la situation politique de ces départemens, et j'ai communiqué des faits et mes observations à divers membres de l'Assemblée conventionnelle. Maintenant je vais parler à tous les amis de la liberté des maux épars dans toute la République.

A

Quelque grands qu'ils soient ces maux, je les calcule froidement, je les juge sans éprouver la moindre crainte, je prédis que la guérison en sera facile et prompte. Ce sont :

La guerre intérieure et extérieure,
Les trahisons,
Le fédéralisme,
L'égoïsme,
Et l'ignorance.

La guerre, en elle-même, n'a rien de bien effrayant. Nos ennemis ont-ils cinq ou six cent mille soldats à nous opposer ? Nous en avons un égal nombre; nous aurons incessamment des millions de défenseurs. Nos ennemis ont-ils une sévère discipline ? Nous avons un amour brûlant pour cette liberté sainte qui nous tient unis de la manière la plus indissoluble. Nos ennemis ont-ils une savante tactique? Nous avons un courage capable de déconcerter toutes les mesures humaines. En un mot, la rage des puissances coalisées contre les armées de la République, n'est qu'une rage impuissante : on peut la comparer à la fureur de ces flots qui ne manquent jamais de se briser contre des rochers inébranlables.

Les trahisons sont redoutables, j'en conviens. Que faut-il faire pour les prévenir ? Il faut n'employer que des généraux, dont le civisme soit sûr ; il faut que ces généraux soient toujours entourés de conseils, sans lesquels ils ne puissent faire aucune entreprise importante ; il faut que ces conseils soient responsables de toute fausse démarche qu'ils ne dénonceroient pas; il faut que les excellens écrits circulent dans nos armées, que les écrivains corrupteurs de l'opinion publique soient sévèrement punis.

Le fédéralisme, qu'entend-on par ce mot? C'est la métamorphose du *feuillantisme* qui, lui-même n'est qu'un changement de forme de l'*aristocratie*. Aussi les fédéralistes sont-ils précisément aujourd'hui les mêmes personnages que ceux que nous connoissions précédemment sous la dénomination de *feuillans* et d'*aristocrates* : ce sont Ramond et Renaud de Saint-Jean d'Angély ; ce sont tous les reviseurs et leurs bons amis les *noirs* de l'Assemblée constituante ; ce sont tous les suppôts de l'ancien régime et les contre - révolutionnaires de toutes les couleurs. Voilà ce que sont messieurs les fédéralistes. Les perfides ! ils n'ont pris un masque de républicanisme que pour mieux nous trahir. Ils sont d'autant plus dangereux qu'ils occupent des places importantes et lucratives dans toutes nos administrations et dans tous nos bureaux de finance. Empressons-nous de les en expulser. Et par-tout où il s'agira d'élections ou de nominations aux places publiques, n'oublions pas d'offrir deux listes : l'une des fédéralistes, des feuillans ou aristocrates; et l'autre de ceux qui depuis le commencement de la révolution ont été et sont encore de *véritables*, *de francs Montagnards*.

L'égoïsme est l'ennemi irréconciliable de l'amour de la Patrie. Il abhorre tout sacrifice utile à la société; il veut exclusivement les honneurs et convoite pour lui seul les richesses.

Pour de puériles distinctions, pour quelques pièces d'un vil métal, il signeroit l'arrêt de mort de tous les individus de l'espèce humaine. C'est le crime irrémissible dans une République. S'il a moins le caractère de l'ambition , il devient plus nuisible sous la forme de l'avarice. Alors, les concussions, les accaparemens , les fraudes, les injustices de tout genre , tourmentent les citoyens de mille manières , et les réduisent bientôt à un état de langueur et de désespoir. C'est sous ce rapport sur-tout qu'il faut le combattre ce crime abominable. Nous arriverons sûrement à ce but, si nous créons, par des contributions levées sur les riches, des établissemens où tous les pauvres puissent trouver une suffisante subsistance ; si toutes les impositions en général sont prises sur le superflu et jamais sur le nécessaire des citoyens; si le *maximum* des traitemens des fonctionnaires à vie , n'excède pas dix mille livres ; si dans tous les emplois publics, aucun émolument ou salairé n'est accordé aux citoyens qui peuvent aisément subsister par leur patrimoine, ou par des économies antérieures ; si enfin l'on s'occupe sérieusement à niveler les fortunes par tous les moyens conformes à la parfaite justice.

L'ignorance a beaucoup servi les intrigans fédéralistes, ainsi que tous ceux qui les ont précédés dans leurs hypocrites manœuvres. Avec l'ignorance, tous ces faux amis de la révolution ont fait de l'opinion publique une espèce de thermomètre qui a varié selon leurs desirs ; ils ont mis plusieurs fois la liberté en danger ; ils en ont prodigeusement retardé la propagation ; ils nous ont désunis, ils nous ont armés les uns contre les autres ; ils ont massacré de sang froid des hommes utiles à la Patrie et à l'humanité, dans le champ de la fédération , à Nancy et dans tous les départemens. Oui , ces désastreux effets ont été produits par l'ignorance ; et qui peut douter que l'ignorance ne soit susceptible d'en produire de plus désastreux encore?

Les moyens de tarir la source de tant de calamités , sont suffisamment connus. Tout ce qu'il me reste donc à ajouter ici , c'est que les ouvrages rédigés d'après les bons principes ne sont pas assez multipliés. Il nous manque sur-tout un Journal , dont le but seroit de faire aimer au peuple toutes les vertus qui conviennent à de vrais Ré-publicains. La Constitution prouve elle-même ce que j'avance. On y lit ces paroles aussi intéressantes que remarquables : *le peuple français remet le dépôt de sa constitution sous la sauve-garde de toutes les vertus.*

9

Il est donc naturel de conclure que le
Journal qui vient d'être proposé , n'auroit
pas seulement une utilité morale : il contri-
bueroit encore à l'affermissement de la Constitution.

Signé , S. G. VILATE.

www.ingramcontent.com/pod-product-compliance
Lightning Source LLC
Chambersburg PA
CBHW051303050726
47595CB00008B/3392